Le Cocuage
de Moliere,
ou
les intrigues
de sa femme.

(Par le célèbre Racine, suivant
mes Stromates, p. 789. & 1272.)

avec
la vie de Moliere
par Voltaire. 1739.
& son éloge par Chamfort 1769.

LES INTRIGUES

DE MOLIERE

ET CELLES

DE SA FEMME.

QUOIQUE la Guerin ne * soit pas assez considérable d'elle - même pour pouvoir donner la curiosité d'aprendre son histoire, j'ai cru néanmoins que sa profession , la réputation de son prémier mari & sa conduite étoient suffisantes pour supléer au défaut de sa naissance & de son rang.

Il est peu de gens dans le monde qui n'aient connu Mr. de Molière,

liére, ou qui n'en aient entendu
parler comme du premier homme
de son siécle en son genre d'écrire.
Mais si ce fameux Comédien
fait distinguer entre les autres, sa
femme n'a pas eu une moindre réputation entre les femmes galan-
tes. Si l'on admire dans toutes les
Cours du monde les Piéces que cét
homme illustre a données au Théâtre, sa Femme a eu des Amans de
toutes Nations ; & peut-être qu'il
a reçû moins de loüanges, qu'elle
n'a entendu de douceurs. Il ne faut
pas être surpris qu'elle ait été si
savante en galanterie : Elle est fille
de la defuncte Bejare Comédienne
de campagne, qui faisoit la bonne
fortune de quantité de jeunes gens
de Languedoc dans le tems de l'heureuse naissance de sa fille.

  Il seroit assez dificile dans une
galanterie si confuse de dire qui en
étoit le pére ; tout ce que j'en sai,

c'eſt que ſa mére aſſuroit que dans ſon déréglement [ſi l'on en exceptoit Moliére] elle n'avoit pu ſouffrir que des gens de qualité, que par cette raiſon ſa fille étoit d'un rang fort noble ; & c'eſt auſſi la ſeule choſe que la pauvre femme lui a toujours recommandée , de ne s'adonner qu'à des perſonnes d'élite. On ſa crue fille de Moliére, quoique depuis il ait été ſon mari ; cependant on n'en ſait pas bien la vérité. Elle a paſſé ſa plus tendre jeuneſſe en Languedoc chez une Dame d'un rang diſtingué dans la Province. Mais Moliére qui étoit chef de ſa troupe, aiant réſolu d'aler à Lyon , on retira la fille de la Beiare de chez cette Dame, qui *avait conçû* pour elle une amitié *particuliere, et fut* touchée de l'abandonner entre les mains de ſa mére, qu'elle *voiait* dans une Troupe de Comédiens errans.

Quand ils furent arrivez à Lyon
ils y trouvérent une autre Troupe
établie, dans laquelle étoit la du
Parc & la de Brie. Moliere fut d'a-
bord charmé de la bonne mine de
la prémiére, mais leurs sentimens
ne se trouvérent pas conformes, sur
ce chapitre ; & cette femme, qui
espéroit avec justice quelque conquête plus illustre, traita Moliere
avec tant de mépris qu'elle l'o-
bligea de tourner ses vœux du coté de la de Brie, dont il fut reçû
plus favorablement, ce qui l'enga-
gea si fort, que ne pouvant plus
se résoudre à s'en séparer, il trouva le sécret de l'engager dans sa
Troupe avec la du Parc. La Bejare suporta cet engagement avec assez de chagrin. Cependant comme elle vit que c'étoit un mal sans
reméde, elle prit le meilleur parti, qui étoit de s'en consoler, et
conservant toujours sur Moliér
l'autorit

l'autorité qu'elle avoit euë, & l'obligeant à prendre des mesures pour cacher le commerce qui étoit entre lui & la de Brie.

Ils demeurérent quelques années en cet état : Cependant la petite Bejare commençoit à se former ; ce qui donna la pensée à la mére qui avoit perdu depuis long tems l'espérance de faire revenir Moliére à elle, de le rendre amoureux de sa fille. La chose étoit assez dificile : La de Brie, dont il étoit amoureux, étoit fort bien faite ; & la Guerin, qui n'a aucun trait de beauté, n'avoit point dans sa jeunesse ces maniéres qui l'ont depuis renduë recommandable. Mais de quoi une femme jalouse ne vient-elle pas à bout lors qu'il s'agit de détruire une rivale ? Elle remarquoit avec plaisir que Moliére aimoit fort la jeunesse ; qu'il avoit de plus une inclination particuliére

pour ſa fille, comme l'aiant élevée ;
que cet enfant aimoit Moliére comme s'il eût été ſon pére. Elle lui
faiſoit mile petites careſſes que ſon
âge lui permetoit ; & il eſt ſeur
que la Guerin, quoique laide, a
été une perſonne fort touchante,
quand elle a voulu plaire.

La Bejare qui l'entretenoit dans
cet eſprit de minauderie & d'en-
fance, comme la ſeule voie qui
pouvoit la conduire à ſon deſſein,
ne manquoit pas d'exagérer à Mo-
iére la ſatisfaction qu'il y a d'éle-
ver pour ſoi un enfant dont on eſt
ſeur de poſſéder le cœur, dont l'humeur nous eſt connuë ; & l'aſſuroit
que ce n'eſt pas que cet âge d'in-
nocence où l'on pouvoit rencon-
trer une ſincérité qui ne ſe trouvoit
que rarement dans la plupart des
perſonnes qui ont veu le grand
monde : Que pour elle, elle ne
conçevoit pas comment un homme
ſi délicat

ſi délicat pouvoit s'acommoder d'u-
ne perſonne qui avoit eu pluſieurs
intrigues ; lui diſant pour maxime,
qu'autant qu'une jeune perſonne ſe
faiſoit de ſcrupules de tromper un
homme qu'elle aimoit, autant une
femme qui aimoit l'uſage du monde, ſe faiſoit de crimes d'être fidéle. Elle repétoit ſouvent les mêmes choſes à Moliére, en lui fai-
ſant adroitement remarquer cette
joie naturéle de ſa fille quand elle
le voioit entrer, & ſon obéïſſance aveugle à ſes volontez. Enfin
elle conduiſit ſi bien la choſe, qu'il
crut ne pouvoir mieux faire que
de l'épouſer.

La de Brie qui s'aperçut des
deſſeins ſécrets de ſa rivale, mit de
ſon côté tout en uſage pour empécher l'acompliſſement d'un mariage qui ofenſoit ſi fort ſa gloi-
re. Rien ne lui paroiſſoit ſi cruël
que de céder un Amant à une peti-

te créature qu'elle jugeoit avec quelque raison lui être inférieure en mérite : Elle en témoigna son inquiétude à Moliére, & le mit en quelque incertitude par ses reproches. Il conservoit beaucoup d'honnéteté pour elle, & il avoit des gages de son amour qui le métoient dans la nécessité d'avoir ces sortes d'égards. Mais heureusement pour la Bejare leur Troupe aiant obtenu la permission de s'établir à Paris par la seule considération que l'on avoit pour Moliére, il fut plus libre qu'il n'avoit été de suivre ses sentimens ; & il épousa la petite Bejare.

Quelque tems aprés y être arrivé, il fit des Piéces de Théâtre, qu'il eut le plaisir d'entendre louér par le plus grand Roi du monde,* & du plus juste discernement.

La fortune de Moliére atira plus d'Amans à sa femme que ce méri-

* Ouf! ... comédien, oui : il avoit ... près de six pieds. Voir la Gazelle ecclésiastique du 5. oct. 1760. p. 180. et le Diction. historiecrit. de Chauffepié, art. Louis 14, tome 3. ... 1754.

P. 11.

ARMAND VIGNEROL
de Richelieu

te prétendu qui l'a depuis renduë ſi
fiére & ſi hautaine ; & il n'y avoit
perſonne à la Cour qui ne ſe fît une
afaire d'en avoir des faveurs. L'A-
bé de Richelieu fut un des prémiers
qui ſe mit en tête d'en faire ſa
Maitreſſe. Comme il étoit libéral, & que la Demoiſelle aimoit
la dépenſe, la choſe fut bien-tôt
concluë. Ils convinrent qu'il lui
donneroit quatre piſtoles par jour
ſans ſes habits, & les regals pour
ne s'engager que de la belle maniére. L'Abé ne manquoit pas de lui
envoier tous les matins par un Page le gage de leur traité, & de l'a-
ler voir toutes les aprédinées.

Cela dura quelques mois ſans
trouble ; mais Moliére aiant fait
la Princeſſe d'Elide, où la Moliére
joüa la Princeſſe, elle y parut avec
tant d'éclat qu'il eut tout lieu de
ſe repentir de l'avoir expoſée au
milieu de cette jeuneſſe brillante.

A 6 Car

Car à peine fut-elle à Chambor,
où le Roi donnoit ce divertisse-
ment à toute la Cour, qu'elle devint fole du Comte de Guiche, &
le Comte de Lauzun éperdument
amoureux d'elle. Le dernier n'é-
pargna rien pour se satisfaire ; mais
la Moliére, qui étoit entétée de son
Héros, ne voulut entendre à aucune proposition, & se contenta d'a-
ler pleurer chez la du Parc, à qui
elle confioit l'indiférence que le
Comte de Guiche avoit pour elle.

Le Comte de Lauzun ne perdit
pas l'espérance de la faire venir où
il souhaitoit ; l'expériance lui aiant
apris que rien ne pouvoit lui résis-
ter. De plus il connoissoit le Comte de Guiche pour un homme qui
contoit pour une mauvaise fortune
le bonheur d'être aimé des Dames.
Il ne douta point que ses maniéres
indolentes ne rébutassent enfin la
Moliére ; & que son étoile ne pro-
duisît

...... nouvelle rivale du soleil ......
On eut dit qu'elle s'élevait au dessus d'elle même
pour admirer son éclat ... Apologues orientaux, liv. 2.
ap. 2. p. 70. 1764.

Cet air de grandeur, ce front majestueux,
Vous étonnit et vous enchante;
Quels seraient vos transports si d'un ... amoureux
Vous pouviez découvrir la beauté ravissante?
Blot.

duisît alors dans son cœur, ce
qu'elle avoit produit dans celui de
toutes les femmes à qui il avoit
voulu plaire. Il ne se trompa
point: car la Moliére irritée des
froideurs du Comte de Guiche, se
jéta entre les bras du Comte de
Lauzun, comme un azile qui pouvoit la garantir d'une seconde re-
cheute pour un ingrat.

Un Lieutenant aux Gardes, &
beaucoup d'autres jeunes gens se
mirent de la partie pour la consoler. L'Abé de Richelieu qui avoit
été averti de ce fracas, la faisoit
épier avec soin. Il trouva le moien de lui surprendre une lettre
qu'elle écrivoit au Comte de Guiche dans le tems de leur intrigue,
conçuë en ces termes.

LETTRE.

J'Avoüe ma foiblesse, mon cher Comte: Quelque plaisir qu'il y ait d'entendre dire du bien de ce qu'on aime, je ne puis m'empécher d'avoir un peu de jalousie d'aprendre que tout le monde vous trouve aussi bienfait que moy. Je n'ay point de chagrin de la justice que l'on vous rend; mais je suis alarmée de ce que les plus belles femmes de France cherchent à vous plaire. Tout ce qui me rassûre, c'est que je suis persuadée qu'elles n'auront jamais pour mon aimable Comte les mêmes tendresses que je sens. Adieu, venez me voir cette aprédinée pour me rassurer sur mes fraieurs, &c.

L'Abé de Richelieu enragé de trouver tant de tendresse dans cette lettre, qui étoit une preuve certaine

taine qu'elle en avoit peu pour lui,
ne s'amufa point aux reproches qui
ne fervent jamais de rien. Il fe
trouva feulement heureux de ne l'a-
voir prife qu'à la journée, & ré-
folut dés ce moment de la laiffer:
Ce qu'il fit; aprés avoir fait apercevoir Moliére, que le grand foin
qu'il avoit de plaire au public, l'em-
péchoit d'examiner la conduite de
fa femme ; & que pendant qu'il
travailloit pour tout le monde, le
monde travailloit pour lui.

La jaloufie réveilla dans l'ame
de cet époux outragé la tendreffe
que l'étude avoit affoupie. Il cou-
rut auffi - tôt faire de grandes plaintes à fa femme , en lui repréfen-
tant les foins avec lefquels il l'avoit
élevée; la paffion qu'il avoit étou-
fée pour fe donner entiérement à
elle ; fes maniéres d'agir, qui a-
voient été plu - tôt d'un Amant
que d'un mari ; & lui marqua le
chagrin

chagrin qu'il avoit, de ce que pour prix de tant de bontez, elle le rendoit la risée de toute la Cour. La Moliére en pleurant lui fit une espéce de confiance des sentimens qu'elle avoit pour le Comte de Guiche, dont elle lui jura que tout le crime avoit été dans l'intention. Elle le pria de pardonner le prémier égarement d'une jeune personne, à qui le manque d'expérience fait faire ces démarches ; en l'assurant que les bontez, qu'elle reconnoissoit qu'il avoit pour elle, l'empécheroient de retomber dans de pareilles foiblesses.

Moliére persuadé de sa vertu par ses larmes, lui fit mile excuses de son emportement ; & lui remontra avec douceur, que ce n'étoit pas assez pour la réputation que la pureté de conscience nous justifiât, qu'il faloit encore que les aparences ne fussent pas contre

nous

nous ; sur tout dans un siécle* où
l'on trouvoit les esprits disposez à
croire le mal, & fort éloignez de
regarder les choses avec indulgen-
ce. Il la quita aussi touchée de ses
remontrances qu'une femme de son
caractére le peut être : Il fit tout
disposer pour leur retour à Paris,
& elle eut dans le voïage toute la
complaisance qu'il pouvoit espérer.

Il auroit été à souhaiter pour lui
qu'il eût été de plus longue durée :
Car dés qu'ils furent arrivez à Paris, elle recommença sa vie avec
plus d'éclat que jamais, aidée des
conseils de la Chateauneuf, qui é-
toit alors femme du Portier qui ou-
vre maintenant les loges à l'Hôtel
de Guénégault. Cette honnête confidente, qui avoit assez vû le monde pour en pouvoir parler, lui fit
entendre qu'une jolie femme se per-
doit par une atache que toute la
terre pouvoit savoir : Que de plus

A 7   il

* bonne cheville.

il y avoit des Amans à craindre ;
que tous les hommes ne se reti-
roient pas aussi doucement que
l'Abbé de Richelieu : Qu'à l'égard
de la tendresse, c'étoit une erreur
dont il faloit se corriger comme
nuisible à la fortune, & qu'elle ne
devoit songer qu'à profiter de sa
jeunesse : Que si elle vouloit s'en
remettre à sa prudence, elle con-
duiroit ses intrigues d'une maniére
si sécrette, qu'on ne le sauroit jamais ; & qu'elle pouvoit compter sur
sa discrétion, qui étoit à toute é-
preuve. La Moliére en l'embras-
sant lui promit de suivre ses avis ;
& elle en a depuis si bien profité
qu'elle n'a jamais réfusé d'Amans
de la Chateauneuf, pendant qu'elle
faisoit languir un nombre infini de
sots, qui la croioient d'une vertu
sans exemple.

Moliére averti par des gens mal
intentionnez pour son repos, de la
conduite

conduite de son épouse, renouvéla
ses plaintes avec plus de violence
qu'auparavant, & la menaça même de la faire enfermer ; dequoi
la Moliére outragée pleura, s'é-
vanouïr, & obligea son mari, qui
avoit beaucoup de foible, à se repentir de l'avoir mise en cet état,
Il s'empressa fort de la faire revenir ; en la conjurant de considérer
que l'amour seul avoit causé son
emportement, & qu'elle pouvoit
tout sur son esprit ; puisque malgré tous les sujets qu'il avoit de se
plaindre d'elle, il étoit prest de lui
pardonner, pourveu qu'elle eût u-
ne conduite plus réservée.

Un époux si extraordinaire auroit deu lui donner des remords,
& la rendre sage ; mais cette bon-
té à contre-tems fit un éfet tout
contraire à celui que Moliére en a-
tendoit. Elle prit un ton fort haut,
lui disant qu'elle voioit bien par
qui

qui ces fauſſetez lui éroient inſpi-
rées : Qu’elle étoit rébutée de ſe
voir tous les jours acuſée d’une
choſe dont elle étoit innocente :
Qu’il n’avoit qu’à prendre des me-
ſures pour une ſéparation, & qu’elle ne pouvoit plus ſoufrir un
homme qui avoit toujours conſer-
vé des liaiſons particuliéres avec la
de Brie, qui demeuroit dans leur
maiſon, & qui n’en étoit point ſor-
tie depuis leur mariage.

Les ſoins que l’on prit pour a-
paiſer la Moliére y furent inutiles.
Elle conçut dés ce moment une a-
verſion terrible pour ſon mari ; &
lors qu’il vouloit ſe ſervir des priviléges qui lui étoient dûs légiti-
mément, elle le traitoit avec le
dernier mépris. Enfin elle porta
les choſes à une telle extrémité,
que Moliére commençant à s’apercevoir de ſes méchantes inclinations, conſentit à la rupture qu’elle

le demandoit inceſſament depuis
leur queréle ; ſi bien que ſans Ar-
reſt du Parlement ils demeurérent
d'acord qu'ils n'auroient plus d'habitude enſemble.

Cependant ce ne fut point ſans
ſe faire une grande violence, que
Moliére réſolut de vivre avec elle
dans cette indiférence. La raiſon
lui faiſoit regarder ſa femme, comme une perſonne que ſa conduite
rendoit indigne des careſſes d'un
honnête-homme : La tendreſſe lui
faiſoit enviſager la peine qu'il a-
voit de la voir, ſans ſe ſervir des
priviléges que donne le mariage :
Et il y rêvoit un jour dans ſon jar-
din d'Autheüil, quand un de ſes a-
mis nommé Chapelle, qui venoit
s'y promener par hazard, l'abor-
da ; & le trouvant plus inquiet que
de coutume, il lui en demanda pluſieurs fois le ſujet. Moliére qui
eut quelque honte de ſe ſentir ſi

peu

peu de conſtance pour un malheur ſi fort à la mode, reſiſta autant qu'il put : Mais comme il étoit alors dans une de ces plénitudes de cœur, ſi connuẽs par les gens qui ont ai-mé, il céda à l'envie de ſe ſoulager ; & avoũa de bonne foi à ſon ami, que la maniére dont il étoit forcé d'en uſer avec ſa femme y étoit la cauſe de ſon abatement.

Chapelle, qui croioit être au deſſus de ces ſortes de choſes, le railla ſur ce qu'un homme comme lui, qui ſavoit ſi bien peindre les foibles des autres, tomboit dans celui qu'il blamoit tous les jours ; & lui fit voir que le plus ridicule de tous étoit d'aimer une perſon-ne qui ne répond pas à la tendreſſe qu'on a pour elle. Pour moi, lui dit-il, je vous avouẽ que ſi j'étois aſſez malheureux pour me trouver en pareil état, & que je fuſſe forte-ment perſuadé que la même perſonne

fonne acordât des faveurs à d'autres, j'aurois tant de mépris pour elle, qu'il me gueriroit infailliblement de ma paffion. Encore avez-vous une fatisfaction que vous n'auriez pas, fi c'étoit une maitreffe ; & la vengeance, qui prend ordinairement la place de l'amour dans un cœur outragé, peut vous dédomager de tous les chagrins que vous caufe vôtre époufe, puifque vous n'avez qu'à l'enfermer, & ce fera un moien affuré de vous mettre l'efprit en repos.

Moliére qui avoit écouté fon ami avec affez de tranquilité, l'interrompit pour lui demander s'il n'avoit jamais été amoureux. Oui oui, lui répondit Chapelle, je l'ai été comme un homme de bon fens le doit être : Mais je ne me ferois jamais fait une fi grande peine pour une chofe que mon honneur m'auroit confeillé de faire ; & je rougis

pour

pour vous de vous trouver si incertain. Je vois bien que vous n'avez encore rien aimé, lui répondit Moliére, & vous avez pris la figure de l'Amour pour l'Amour même. Je ne vous raporterai point une infinité d'éxemples, qui vous feroient connoître la puissance de cette passion : Je vous ferai seulement un fidéle recit de mon embaras, pour vous faire comprendre combien on est peu maître de soi - même, quand l'Amour a pris sur nous un certain ascendant que le temperament lui donne.

Pour vous répondre donc sur la connoissance parfaite que vous dites que j'ai du cœur de l'homme, par les portraits que j'en expose tous les jours, je demeurerai d'accord que je me suis étudié autant que j'ai pu, à connoître leur foible ; mais si ma science m'a apris qu'on pouvoit fuir le péril, mon experiance

expériance ne m'a que trop fait
voir qu'il eſt impoſſible de l'évi-
ter. J'en juge tous les jours par
moi-même : Je ſuis né avec les
derniéres diſpoſitions à la tendreſſe ; & comme j'ai cru que mes é-
forts pouvoient lui en inſpirer par
l'habitude des ſentimens que le
tems ne pouvoit détruire, je n'ai
rien oublié pour y parvenir. Comme elle étoit jeune quand je l'é-
pouſai, je ne m'aperçus pas de ſes
méchantes inclinations ; & je me
crus un peu moins malheureux que
la plupart de ceux qui prennent de
pareils engagemens. Auſſi le mariage ne ralantit point mes empreſ-
ſemens ; mais je lui trouvai tant
d'indiférence, que je commençai
à m'apercevoir que toute ma pré-
caution avoit été inutile ; & que
tout ce qu'elle ſentoit pour moi,
étoit bien éloigné de ce que j'aurois ſouhaité pour être heureux.

B   Je

Je me fis à moi - même des reproches sur une délicatesse qui me sembloit ridicule dans un mari, & j'a-
tribūai à son humeur ce qui étoit
un éfet de son peu de tendresse
pour moi. Mais je n'eus que trop
de moiens de m'apercevoir de son
erreur ; & la fole passion qu'elle
eut peu de tems aprés pour le
Comte de Guiche fit trop de bruit
pour me laisser dans cette tranquilité aparente.

Je n'épargnai rien à la prémiére connoissance que j'en eus pour
me vaincre, dans l'impossibilité
que je trouvai à la changer. Je
me servis pour cela de toutes les
forces de mon esprit : J'appelai à
mon sécours tout ce qui pouvoit
contribuër à ma consolation ; Je
la considérois comme une personne
de qui tout le mérite est dans l'in-
nocence, & que son infidélité la
rendoit sans charmes. Je pris des-
lors

lors la résolution de vivre avec elle, comme un honnête homme qui
a une femme coquette ; & qui est
bien persuadé, quoi qu'on puisse
dire, que sa réputation ne dépend
point de la méchante conduite de
son épouse.* Mais j'eus le chagrin
de voir qu'une personne sans beauté
qui doit le peu d'esprit qu'on lui
trouve, à l'éducation que je lui ai
donnée, détruisoit en un moment
toute ma Philosophie. Sa présence me fit oublier mes résolutions ;
& les prémiéres paroles qu'elle me
dit pour sa défense, me laissérent
si convaincu que mes soupçons é-
toient mal fondez, que je lui de-
mandai pardon d'avoir été si crédule.

Cependant mes bontez ne l'ont
point changée ; & si vous saviez ce
que je souffre, vous auriez pitié de
moi. Ma passion est venuë à tel
point, qu'elle va jusques à entrer

B 2

AVEC

avec compaſſion dans ſes intérêts :
Et quand je conſidére combien il
m'eſt impoſſible de vaincre ce que
je ſens pour elle, je me dis en même tems qu'elle a peut - être une
même dificulté à détruire le penchant qu'elle a d'être coquette ; &
je me trouve plus dans la diſpoſi-
tion de la plaindre que de la bla-
mer. Vous me direz ſans doute
qu'il faut être pére pour aimer de
cette maniére ; mais pour moi je
croi qu'il n'y a qu'une ſorte d'A-
mour, & que les gens qui n'ont
point ſenti de ſemblables délicateſ-
ſes, n'ont jamais véritablement aimé. Toutes les choſes du monde
ont du raport avec elle dans mon
cœur. Mon idée en eſt ſi fort ocu-
pée que je ne ſai rien en ſon ab-
ſence qui puiſſe me divertir :
Quand je la vois, une émotion &
des tranſports qu'on peut ſentir,
mais qu'on ne ſauroit dire, m'ôtent
l'uſage

l'uſage de la réfléxion : Je n'ai plus d'yeux pour ſes défauts ; il m'en reſte ſeulement pour ce qu'elle a d'aimable ? N'eſt-ce pas là le dernier point de folie ; & n'admirez-vous pas que tout ce que j'ai de raiſon ne ſert qu'à me faire connoître ma foibleſſe ſans en pouvoir triompher.

Je vous avoue à mon tour, lui dit ſon ami, que vous êtes plus à plaindre que je ne penſois ; mais il faut tout eſpérer du tems. Continuez cependant à faire vos éforts, ils feront leur éfet, lorſque vous y penſerez le moins. Pour moi je vais faire des vœux afin que vous ſoiez bien-tôt content. Il ſe retira & laiſſa Moliére, qui réva encore fort long tems aux moiens d'apaiſer ſa douleur.

Mais comme ſon cœur ne pouvoit être ſans ocupation, il s'ala mettre en tête de s'atacher à Baron,

 dans

dans l'espérance que l'aiant pour ami, il trouveroit de la consolation dans son malheur. Il le tint chez lui comme son enfant, n'épargnant rien pour le faire connoître, & pour cultiver son esprit.

La Moliére étoit née pour faire enrager son mari. Tant qu'elle avoit demeuré avec lui, elle avoit haï Baron comme un petit étourdi, qui les metoit fort souvent mal ensemble par ses raports ; & comme la haine nous aveugle, aussi bien que toutes les autres passions, la sienne l'avoit empéchée de le trouver un fort joli Amant. Quand ils n'eurent plus d'intérest à déméler, elle commença à le regarder sans prévention, & trouva qu'elle pouvoit s'en faire un amusement agréable. La piéce de Psiché qu'on jouoit alors, seconda heureusement ses desseins, & donna naissance à leur amour. La Moliere

liere repréſentoit Pſiché à charmer,
& Baron, dont le perſonnage étoit
l'Amour, enlevoit les cœurs.

Les loüanges communes qu'on
leur donnoit, les obligérent de s'é-
xaminer avec plus d'atention, &
même avec quelque ſorte de plaiſir.
Baron n'eſt pas cruel : Il ſe fut à
peine aperçû du changement qui
s'étoit fait dans le cœur de la Moliére en ſa faveur, qu'il y répondit
auſſi-tôt. Il fut le prémier qui
rompit le ſilence par un compli-
ment qu'il lui fit ſur le bonheur
qu'il avoit d'avoir été choiſi pour
repréſenter ſon Amant ; & qu'il
devoit l'aprobation du public à cet
heureux hazard : Qu'il n'étoit pas
dificile de jouër un perſonnage
qu'on ſentoit naturélement ; & qu'il
ſeroit toujours le meilleur Acteur
du monde, ſi l'on diſpoſoit les
choſes de la même maniére. La
Moliére lui répondit, que les loü-

anges

anges qu'on donnoit à un homme comme lui, étoient dûes à son mérite, & qu'elle n'y avoit nule part : Que cependant la galanterie d'une personne qu'on disoit avoir tant de Maitresses ne la surprenoit pas, qu'il devoit être aussi bon Comédien hors du Théâtre, que sur la Séne.

Baron à qui cette maniére de reproches ne déplaisoit pas, lui dit de son air indolent, qu'il avoit à la vérité quelques habitudes qu'on pouvoit nommer bonnes-fortunes : Mais qu'il étoit prest de lui sacrifier, et qu'il estimeroit davantage la plus simple de ses faveurs, que le dernier emportement de toutes les femmes avec lesquelles il étoit bien, & dont il lui nomma les noms par une discrétion qui lui est naturélle. La Moliére fut enchantée de cette préférence. Quoi qu'elle aimât Baron, elle n'avoit

pas

pas perdu l'envie de faire des con-
quêtes nouvéles ; & le soin de plaire l'ocupoit du moins autant que sa
passion. Baron de son côté, qui
ne trouvoit dans la Moliére qu'un
plaisir sans utilité, n'avoit eu garde de se défaire de ses Maitresses
utiles ; ainsi ils conservérent tous
l'agréable & le nécessaire. Mais
cette politique ne leur réüssit pas,
& ils s'aperçûrent bien-tôt que
deux personnes d'un même métier
peuvent dificilement s'acorder ensemble. Ils se dirent plusieurs choses outrageantes & extravagantes,
& cependant ne laissérent pas de se
racommodér. Ce fut pour peu de
tems ; car la jalousie que le mérite
inspire, fait des énemis irréconci-
liables ; de sorte que leur antipatie
devint plus grande qu'auparavant.

Moliére eut quelque satisfaction
de les voir desünis, & reprit pour
Baron, malgré son ingratitude,

ſes ſoins acoutumez ; mais pour-
tant avec moins d'atache. La certitude où il étoit que tout l'eſprit
& tout le mérite imaginable ne
ſauroit nous garantir de certains
événemens, lui avoit donné un dé-
goût extrême pour toutes les choſes de la vie. Il n'avoit point alors
de plus grand plaiſir qu'en ſa maiſon d'Auteuïl, où il avoit mis la
fille qu'il avoit eûë de la Moliére.
La mére de la Moliére fut ſi déſo-
lée de ce mauvais menage, qu'elle
tomba malade, & mourut peu de
tems aprés ; mais ni la mort de la
Bejare ni la melancolie de Moliére n'interrompirent point les plaiſirs de ſon épouſe. L'Abbé de La-
* vau, & pluſieurs de même caractére, ſe mirent en état de la deſ-
ennuier : Lavau fut des plus che-
ris juſques à la mort de Moliére,
qui arriva d'une façon toute ſur-
prenante.

Il y avoit long tems qu'il se trouvoit mal, & l'on atribūoit son incommodité au chagrin qu'il avoit de son mauvais ménage, & plus encore au grand travail qu'il entreprenoit. Un jour qu'il devoit jouër le <u>M</u>alade imaginaire, piéce nouvéle alors, & sa dérniére composée, il se trouva fort indisposé, & fut prés de s'exempter de monter au Théâtre : Mais quand il eut vû la foule du monde qui étoit à cette représentation, & le chagrin qu'il y auroit de les renvoier, il s'éforça, & joüa presque jusqu'à la fin, sans s'apercevoir que son incommodité étoit augmentée. Mais dans l'endroit où il contrefaisoit le mort, il demeura si foible qu'on crut qu'il l'étoit éfectivement. On eut mile peines à le relever : On lui conseilla pour lors de ne point achever, & de se mettre au lit. Il ne laissa pas de vou-

B 6 loir

loir finir ; & comme la Piéce étoit
fort avancée, il crut pouvoir aler
jusqu'au bout fans fe faire beaucoup
de tort.   Mais le zéle qu'il avoit
pour le public, eut une fuite bien
cruelle pour lui : Car dans le tems
qu'il recitoit ces vers

Grandes Doctores Doctrina
De la Rubarbe & du Scené,

dans la cérémonie des Médecins,
il lui tomba du fang de la bouche ;
ce qui aiant éfraié les fpectateurs
& fes camarades, on l'emporta
chez lui fort prontement, où fa
femme le fuivit dans la chambre.
Elle contrefit du mieux qu'elle put
la perfonne afligée, mais cela ne
fervit de rien.   Il mourut en fort
peu d'heures * aprés avoir perdu
tout fon fang, qu'il jétoit avec a-
bondance par la bouche ; & laiffa
ainfi le Théâtre expofé à l'audace
de tant de miférables Auteurs, dont
il

* 17. fevrier 1673.

il est à présent la proie. Tous les
habiles gens eurent un regret sensible de sa mort, & ses camarades la sentirent vivement. A l'é-
gard de sa femme, elle marqua autant de douleur qu'auroit pû faire
une personne plus honnête en une
semblable ocasion.

Comme ce sont les devoirs qu'u-
ne telle épouse rend avec plus de
plaisir à son époux, elle fit tous
ses éfors pour s'en aquiter digne-
ment. Tout le monde sait la dificulté que l'on fit de l'enterrer ; &
qu'il falut des ordres absolus pour
vaincre la résolution de son Curé,
qui ne fit pas encore les choses de
trop bonne grace.

La Moliére connut peu de jours
aprés cette mort, qu'on souhaitte
souvent des choses désavantageu-
ses, & elle fut obligée de regreter
Moliére de bonne foi. La Toril-
liére, la Bauval & Baron voiant
qu'ils

qu'ils avoient perdu leur meilleur apui, quittérent le Palais Roial pour aler à l'Hotel de Bourgogne; & la Moliére fut contrainte, pour rétablir fa Troupe, d'y faire entrer, faute de meilleurs Acteurs, Guerin, maintenant fon mari, & la Guyot dont les intérêts étoient communs alors en toute maniére. Pour comble de malheur Lully, qui fe fervit de cette ocafion pour demander au Roi la Salle du Palais Roial qu'il obtint pour l'Opéra, la réduifit elle-même & la Troupe à prendre l'Hotel de Guénegauld, où toutes les deux font préfentement.

D'abord qu'elle fut au Fauxbourg S. Germain, du Boulay en devint amoureux. Il eft homme affez du monde; il favoit à peu prés l'air du bureau, & il commença d'ofrir à nôtre Veuve ce qu'il crut le pouvoir rendre agréable. Ses offres
furent

furent si considérables, que la Moliére charmée en fut faire confiden-
ce à la Chateauneuf, qui jugeant
de l'amour de du Boulay par sa li-
béralité, lui dit qu'il se faloit bien
garder de lui rien promettre; qu'il
paroissoit assez amoureux pour l'é-
pouser, si elle le ménageoit avec
esprit; que cela n'étoit pas sans
exemple, & que tout le sécret étoit
de l'engager d'une maniére qu'il ne
pût s'en défendre. La Moliére entra avec feu dans ces sentimens,
& l'envie de devenir femme de du
Boulay lui fit trouver aisée une
chose qui lui eût paru trez-difici-
le, pourpeu qu'elle eût consulté
sa raison. Mais l'ambition lui faisoit fermer les yeux sur la justice
qu'elle auroit dû se rendre à elle-
même; & elle convint avec sa confidente de ce qu'il faloit faire pour
réussir dans cette entreprise.

La Chateauneuf lui dit que le
plus

plus feur étoit d'être cruële, & de lui réfufer jufqu'à la plus fimple faveur : Que néanmoins il faloit que ce fût d'une maniére qui lui fît croire, que c'étoit la vertu feule qui donnoit des bornes à la tendreffe qu'elle avoit pour lui. La Moliére aprouva ce confeil, & lorfque du Boulay venoit chez elle, elle le recevoit d'un air fi obligeant, qu'aux derniéres preuves d'amour prés, il ne pouvoit fe plaindre d'elle.

Cependant cela ne fufifoit pas pour un homme qui s'étoit flaté de tout obtenir aifément. Il s'apercevoit que l'intention de la Demoifelle étoit de l'amufer ; & la peur qu'il eut d'en être la dupe, le determina à s'en expliquer. Il fut une aprédinée chez elle dans ce deffein : Il trouva qu'elle fe paroit extraordinairement pour une veuve ; & aiant pris un fi grand foin de

de fa beauté, à mauvais augure
pour fon amour, il lui dit avec un
vifage aflez chagrin : Nos vœux
font bien diférens, Mademoifelle :
Du brillant dont vous êtes aujour-
d'hui, vous fouhaiteriez que tout
le monde pût vous voir ; Et moi,
qui crains toujours qu'il n'en vien-
ne quelqu'un plus heureux que moi,
je voudrois être le feul à qui ce
bonheur fût permis !

La Moliére qui lui vouloit faire valoir jufqu'à la moindre honnéteté qn'elle lui faifoit, lui dit a-
vec fiesté : Il eft vrai que vous a-
vez fujet de vous plaindre de moi,
& que je n'ai pas pour vous des
diftinctions aflez obligeantes. Voi-
la comme vous êtes faits : Plus on
vous donne, moins vous êtes con-
tens. Si les femmes étoient raifon-
nables, elles traiteroient tous les
hommes avec la même indiférence ; & j'ai envie, ajouta-t-elle,

d'en uſer de cette maniére, afin que le droit de préférence ne faſſe point d'énemis entre mes Amans.

Vous vous faites grand tort, répondit du Boulay, de croire que les demi-bontez que vous avez pour moi, ſoient capables de me ſatisfaire. Il faudroit pour cela que vous fuſſiez faite autrement, ou que ma paſſion fût moins violente; & quand on eſt auſſi amoureux que je le ſuis, on compte pour rien tout ce qui n'eſt pas la poſſeſſion de ce qu'on aime. Je ſai que je ne puis l'eſpérer par mon mérite; mais ſi vous voulez recompenſer le plus ſincére de ceux qui vous adorent, ce que je ſens pour vous, me répond de ma félicité. Vous ne ſavez ce que vous demandez, répondit la Moliére; & pour peu que vôtre paſſion vous plaiſe, vous devriez craindre de la voir finir, comme elle finiroit infailliblement,

ment, fi vous n'aviez plus rien à fouhaiter. Comme l'amour ne fe foutient que par les défirs qui cau- fent toute nôtre ardeur, il meurt auffi - tôt qu'il eft fatisfait : Du moins jufqu'à préfent je n'ai point vû d'Amants fidéles quand ils font heureux. Et comment pourfuivit- elle, peut - on avoir des impatien- ces & des tranfports pour une cho- fe dont on eft le maître ; & que peut - on fouhaiter, quand on eft fatisfait !

L'être toujours, ma belle ! s'é- cria du Boulay. Si jufqu'à préfent vous n'avez pas trouvé d'Amant conftant, vous avez en moi dequoi faire un miracle. Il fe jéta en mê- me tems à fes genoux ; & l'anima fi fort par fes careffes, qu'elle é- toit prête d'obéïr à fon tempéra- ment, qui ne la porte pas à la cru- auté, fi l'adroite confidante, qui ne fe fioit pas trop à la parole que la
Demoifelle

Demoiselle lui avoit donnée d'ê-
tre sévére, ne fût venuë troubler
leur conversation.

Du Boulay fut si outragé de l'arrivée de celle qui traversoit sa bonne fortune, qu'il sortit aussi-tôt
sans prendre congé de personne ;
ce qui déconcerra fort la Moliére.
Pour la Chateauneuf, elle est trop
habille en ces sortes de matiéres,
pour n'avoir pas compris d'abord
ce qui avoit causé la fureur de ce
depart précipité. Elle feignit pour-
tant de vouloir s'en éclaircir, &
demanda à la Moliére à quel point
elle en étoit avec son Amant. La
Demoiselle, qui avoit toute confiance à la Chateauneuf, lui dit à
peu prés, comment les choses s'é-
toient passées ; ce qui lui fit voir
qu'il étoit homme plus dificile à
surprendre qu'elle ne se l'étoit ima-
ginée. C'est pourquoi elle recommanda à la Moliére de se tenir fer-
me

me sur le pied de la vertu ; qu'elle
voioit sa fortune en assez bon che-
min , pourveu qu'elle n'y mît point
d'obstacle par sa facilité : Sur tout
qu'elle évitât de se trouver seule a-
vec du Boulay ; parce qu'il est dans
la vie des momens facheux dont
on ne peut répondre ; & que la prudence ne vouloit pas qu'on se fiât
trop à soi dans de semblables oca-
sions.

La Moliére lui confirma la promesse qu'elle lui avoit faite de ne
rien permettre à du Boulay , sans
les formalitez dont elles étoient
convenuës ; & que du moins si la
chose manquoit, elle n'auroit pas
à se reprocher que ce fût par sa
faute. C'est le mieux que vous
puissiez faire , lui dit la Charteau-
neuf , & je suis fort trompée si
vous n'y réüssissez pas ; car je ne
sai quoi me dit , que vous devez ê-
tre la plus heureuse personne du
monde.

monde. La Guyot, qui venoit faire sa cour à la Moliére, dont elle
avoit besoin, les fit changer de
discours, & la Chateauneuf s'en ala
pour les laisser parler en liberté des
afaires de leur fraternité.

Cependant du Boulay, qui croioit que son bonheur n'avoit été
retardé que par la seule présence
de la confidente, se rendit le lendemain chez la Moliére avec des
impatiences qu'il est aisé de se figurer, espérant la trouver dans les
mêmes dispositions où il l'avoit
laissée. Il se faisoit des avant-
goûts de plaisir plus grands que le
plaisir même. Il s'étoit mis le plus
magnifique qu'il avoit pû, & étoit
alé chez elle deux heures plutôt
qu'à son ordinaire ; mais il fut bien
surpris de la trouver d'un air sérieux, qui auroit glacé l'Amour
même. Elle s'étoit déja repentie
de la complaisance qu'elle avoit euë

la

la veille ; quoi qu'elle eût été toujours involontaire, & que le feul
mouvement de la nature lui eût
infpiré ce qu'elle fentoit pour
du Boulay. Ainfi pour éfacer la
mauvaife opinion qu'il avoit pu
concevoir de fa facilité le jour d'auparavant, elle prit un air de fier-
té qui lui pût oter entiérement l'ef-
pérance de venir au comble de fes
fouhaits, que par des voies honnêtes.

Du Boulay fut furpris de ce
grand férieux : Mais comme il la
connoiffoit précieufe, il n'en de-
couvrit pas le miftére ; il tacha feulement par fes careffes ordinaires
de la faire revenir de cette mauvaife humeur. Il lui en fit même
qui lui parurent trop vives pour ce
qu'elle s'étoit propofée. Elle s'en
défendit au commencement avec
quelque efpéce de douceur : Mais
comme elle vit qu'il continuoit a-

vec

vec la même ardeur, elle se mit fort en colére; en lui disant, qu'elle voioit bien qu'il étoit du nombre de ceux qui se mettent dans l'esprit qu'il n'y a pas une Comédienne qui eût de la vertu : Sachez, lui dit-elle, que si les maniéres honnêtes que j'ai eu pour vous, vous ont fait croire que vous pourriez tout obtenir de moi, j'en uférai à l'avenir d'une maniére qui vous fera connoître que vous vous êtes bien trompé dans cette pensée ?

Je suis au desespoir de vous avoir fachée, lui dit du Boulay, mais il faut pardonner quelque chose à la passion, qui fait que je ne suis pas maître de moi-même lors que je vous vois. Vous ne m'aimez pas tant que vous dites, repliqua la Moliére, & il faudroit d'autres preuves pour me le persüader. Quelle injustice, dit du Boulay !
Quoi

Quoi, mes affiduïtez & mes foins ne font pas les marques d'une véritable paffion! Quelles autres marques pourriez-vous fouhaiter pour être convaincuë de ce que je fens pour vous?

La Moliére demeura quelque tems fans lui répondre; & tout d'un coup prenant la parole: Croiez-vous, dit-elle, que toutes les raifons que vous m'opofez, foient fufifantes pour me prouver vôtre amour? Y a-t-il un homme dans le monde qui ne fe faffe un plaifir d'avoir des faveurs d'une femme qu'il trouve aimable; & ne fait-on pas que l'on n'y peut parvenir que par les foins que l'on prend de lui plaire? Je puis croire que vous avez les mêmes fentimens pour moi: Mais fi vous voulez que je les croie plus tendres & plus defintereffez, faites ce qu'il faut faire, afin que je n'en puiffe douter, ou

C   prenez

prenez le parti de me laisser en repos : Car je vous dis aujourd'hui pour la derniére fois , qu'on ne peut rien espérer de moi du côté de la galanterie.

Ce discours étonna du Boulay, & lui ouvrit les yeux sur les intentions de la Moliére. Il vit qu'elle s'étoit flatée d'une chose à laquelle il n'avoit aucune disposition. Néanmoins il eut de la joie de sa folie ; & résolut de la laisser dans son erreur pour en profiter , en lui donnant un peu d'espérance.

Il ne faisoit pas de scrupule d'abuser de sa crédulité [ce n'est plus le tems d'en avoir pour si peu de chose] si bien qu'il se jéta à ses genoux ; & lui dit, que puis qu'elle joignoit à tant de charmes une vertu si délicate, cela pouvoit le determiner à lui donner des assurances qui prouveroient ce qu'il tachoit en vain de lui persüader. Il
ajouta

ajouta d'un air qui paroiſſoit fort naturel, qu'il ſe fairoit une joie inconcévable de contribuer à la fortune d'une ſi aimable perſonne : Qu'il ſouhaitoit que la ſienne fût plus conſidérable, afin de la rendre heureuſe : Mais qu'il ne pouvoit lui ſacrifier que les choſes dont il étoit le maître, & qu'il ſe croiroit au comble du bonheur, ſi elle vouloit bien s'en contenter.

On peut aiſément juger combien la Moliére étoit flatée du diſcours de du Boulay. Elle lui proteſta à ſon tour qu'il étoit de tous les hommes celui pour qui elle avoit le plus de penchant ; & qu'il auroit tout lieu d'être content de ſa tendreſſe, auſſi-tôt qu'elle pouroit lui en donner des marques avec bienſéance. He quoi, Mademoiſelle, qui peut vous arréter, après l'aſſurance que je vous donne que vous ſerez ſatisfaite dans

C 2 peu

peu de jours ! Doutez - vous de la vérité de ce que je vous dis ? Et suis - je un homme à vous tromper ! D'un coté elle craignoit que sa facilité ne rébutât du Boulay ; de l'autre elle aprehendoit qu'il ne crût qu'elle n'avoit aucune inclination pour lui.

Comme c'étoit la vérité, & qu'elle ne cherchoit que son élevation, il remarqua son incertitude ; & voulant achever de la determiner entiérement à ce qu'il souhaitoit, il feignit d'être faché de ce qu'elle le réfusoit aprés la promesse qu'il venoit de lui faire. Je suis bien malheureux, lui dit - il, de voir que vous ajoutez si peu de foi à ma parole ! Et j'ai peine à croire que vous vouliez vous résoudre à passer vôtre vie avec un homme que vous estimez assez peu pour douter de ce qu'il vous dit ; & je vois bien qu'il faut vaincre ma

passion,

passion, puis que je ne puis vaincre vôtre indiférance.

Il voulut s'en aler en disant cela, mais la Moliére qui craignoit
qu'il ne fût éfectivement faché,
l'arréta malgré lui : Et comme elle vit qu'elle ne pouvoit l'apaiser
qu'en ne lui réfusant rien, elle fut
assez crédule pour se laisser aler sur
l'assurance que du Boulay lui réïte-
ra, qu'il la satisferoit dans peu de
jours ; & se retira aussi le plus
content de tous les hommes, en
laissant de son coté la Moliére fort
satisfaite du pouvoir de ses charmes.

Elle fut trouver la Chateauneuf
à qui elle parla de son mariage
comme d'une chose faite ; en lui
prometant que le changement de
sa fortune ne changeroit point son
amitié : Que n'aimant point du
Boulay assez pour lui garder une
fidélité à toute épreuve, elle auroit

toujours befoin d'elle pour fe conduire , & qu'elle la prioit de ne
lui pas réfufer fon fécours quand elle en auroit befoin. L'inclination
que j'ai à vous rendre fervice , ne
peut finir par vôtre mariage , lui
dit la Chateauneuf ; mais il n'eft
pas tems de fonger à une nouvéle
intrigue , & il faut du moins ob-
ferver quelque régularité dans les
commencemens : Ce qu'il faut faire maintenant c'eft de preffer vivement la chofe.

La Chateauneuf gouvernoit fi
abfolument la Moliére qu'elle fui-
voit de point en point tout ce qu'elle lui commandoit : Et fe contraig-
noit autant qu'il lui étoit poffible ,
preffant tous les jours du Boulay
de lui tenir parole ; & il lui donnoit toujours quelque nouvéle ex-
cufe fur les opofitions que fa famille y pourroit aporter , fi on ne
ménageoit cette afaire délicate-
ment.

ment. Une autrefois il lui difoit,
que n'aiant plus rien à ménager,
quand elle feroit fa femme, il
craignoit qu'elle n'eût pas pour lui
toute la complaifance qu'il pouvoit
fouhaiter. Enfin fatigué des im-
portunitez de la Moliére, il lui dé-
clara que quoi qu'il eût pour elle
toute la paffion imaginable, des
raifons puiffantes ne lui perme-
toient pas de la contenter fur le
chapitre du mariage.

Cét aveu fincére furprit la Demoifelle, qui avoit crû de bonne
foi du Boulay affez amoureux pour
l'époufer. Elle ne fut point maitreffe de fa colére, que la connoif-
fance d'avoir été trompée par cet
homme avoit encore excitée ; &
dans la violance de fes prémiers
mouvemens, elle le traita comme
le dernier de tous les hommes ; a-
prés l'avoir apellé mile fois fcélé-
rat & perfide ; & lui avoir juré
C 4   qu'il

qu'il auroit tout lieu de fe repentir d'avoir abufé de fa facilité, elle le chaffa en lui défendant de revenir jamais chez elle.

Du Boulay qui n'avoit pas répondu un mot à toutes ces mena-
ces, fe retira tout doucement pour
ne la pas aigrir davantage. Il lui
écrivit le lendemain la lettre du
monde la plus paffionnée, où il
la prioit de l'excufer, fi lui con-
noiffant trop de vertu pour con-
fentir à le rendre heureux fans la
promeffe qu'il lui avoit faite, il a-
voit été forcé par fon amour à fe
fervir de cette rufe.

La Moliére en femme habile ne
lui voulut point faire de réponfe,
fans confulter la Chateauneuf, à
qui elle avoüa la faute qu'elle avoit
faite, d'avoir pû croire un homme
fur fa parole ; mais que du Boulay
l'avoit fi fort preffée qu'il lui avoit
été impoffible de s'en défendre, &

que

que c'étoit par un excés de confiance qu'elle la prioit de l'inſtruire de
ce qu'elle avoit à faire : Qu'aiant
fait réfléxion, lors que ſa colére
avoit été paſſée, qu'il n'étoit pas à
propos de bañir du Boulay, quand
même il ne la devroit pas épouſer,
il faiſoit une dépenſe aſſez conſidérable pour vouloir le conſerver
par cette ſeule raiſon. La Chateauneuf lui dit qu'il faloit écrire :
Que quelque réſolution qu'elle eût
priſe contre lui, il ne lui étoit pas
poſſible d'être plus long tems ſans
le voir. La Moliére à l'inſtant lui
écrivit en ces termes.

B I L L E T.

JE ne veux plus me ſouvenir que
vous m'ayez ofenſée, puis que j'ai
la foibleſſe de vous aimer encore
aprés la tromperie que vous m'a-
vez faite : Je veux même oublier
C 5   le

le sujet que j'ai de me plaindre de vous, & vous donner une gra- ce que l'amour doit signer, [illegible handwritten line]

Du Boulay acourut aux piez de sa belle, à qui il dit tout ce qu'il put s'imaginer de plus tendre. Il évita adroitement de lui parler du sujet qui les avoit mis mal ensemble; lui proposa mile divertissemens; & quoi qu'il ne soit pas trop libéral, sa passion l'avoit rendu prodigue pour la Moliére. Les festins, les cadeaux & les bijoux étoient des preuves convainquantes que l'amour peut changer le tempérament : Et il en étoit si fort amoureux, que leur commerce auroit duré long tems, si la belle avoit eu de la conduite; mais ce qu'elle fit pour Guerin le dégouta si fort, qu'il ne se souvint qu'à peine qu'il en avoit été amoureux; & voici ce qui le dégagea.

La

La Guyot qui avoit été apellée dans la troupe avec Guerin qu'elle aimoit depuis cinq ans de la plus belle passion dont elle fût capable, menageoit la Moliére pour son intérêt & celui de son Amant, & lui donnoit souvent à manger, dans l'espérance de l'engager davantage. La Moliére, qui est un esprit fort extraordinaire, ne pouvant soufrir une union qui lui sembloit parfaite, résolut pour la troubler, de donner de l'amour à Guérin : Pour cet éfet elle ne manquoit pas d'y aler tous les jours avec empressement ; ce qui chagrinoit du Boulay, qui l'atendoit souvent inutilement ; mais elle croioit son tems trop bien emploié à faire une pareille conquête ; quoi que celui pour qui elle prenoit tant de soin, fût l'homme du monde qui en méritât le moins : Mais le mérite ne peut rien contre le caprice ; & nôtre cœur

est

est presque toujours la duppe du choix que nous faisons.

La Moliére, à qui l'âge avoit donné du discernement, ne laissa pas de travailler comme il faloit pour lui plaire, & pour l'enlever à la Guyot. Guérin avoit aimé la Guyot de bonne foi ; mais comme il n'est rien que le tems n'use, il commençoit à n'avoir plus pour elle qu'une espéce de bonne amitié pleine de froideur, qui est la suite ordinaire des longues habitudes. Il s'aperçut aisément des sentimens que la Moliére avoit pour lui ; & la connoissance d'une chose qu'il n'eût jamais osé espérer, lui donna une joie sensible ; & d'autant plus grande, que par ce moien il crut pouvoir se maintenir avec agrément dans une Troupe, où on lui faisoit la justice de ne le pas aimer.

Comme l'extérieur acompagne

or-

ordinairement la bassesse , ou la
grandeur de l'ame , il s'atacha à
examiner le foible de la Moliére ,
afin de s'en rendre le maître. Il
n'eut pas de peine à connoître
qu'elle vouloit être aplaudie en
tout, n'être contredite en rien , &
sur tout qu'elle prétendoit qu'un
Amant fût soumis comme un es-
clave. Guerin qui est capable des
derniéres bassesses , pourveu qu'il
trouve son interest , n'eut pas de
peine pour l'aimer à sa maniére.

La prémiére preuve de sa passion fut dans des repétitions que
l'on faisoit de quelques Piéces nouvéles. Il avoit acoutumé de donner la main à la Guyot pour la
conduire : Un jour il l'ofrit à la
Moliére qui l'accepta aprés un de-
mi refus , ce qui alarma la Guyot,
qui est naturélement fort jalouse :
De sorte que son Amant étant re-
venu de conduire la Moliére , elle

le

le queréla avec violence ; lui reprocha qu'il avoit oublié toutes les
obligations qu'il lui avoit pour en
user d'une maniére si impertinente :
Qu'il lui étoit redevable de sa fortune : Qu'il devoit être persüadé
qu'on ne se seroit jamais avisé d'a-
ler chercher une figure comme la
sienne dans le fond d'une Province , sans le réfus qu'elle avoit fait
d'entrer dans la Troupe , si on le
laissoit en campagne : Et que pour
recompense il étoit à peine arrivé
qu'il l'abandonnoit pour une gue-
non ; elle qui étoit une des plus
jolies femmes de France.

Guérin le plus dissimulé de tous
les hommes, & qui ne se sentoit
pas assez bien avec la Moliére pour
rompre tout à fait avec la Guyot ,
lui fit cent protestations qu'il l'aimoit toujours ; & que ce n'étoit
que pour se maintenir tous deux
dans la Troupe, où la Moliére é-
toit

toit la plus puiſſante, qu'il lui rendoit ces ſortes de devoirs; ſi bien que la Guyot qui l'aimoit, ſe laiſſa perſuader.

Guerin continüa tous ſes ſoins, pour la Moliére, qui les recevoit en femme à qui il faiſoit plaiſir; mais du Boulay n'en étoit pas plus ſatisfait. Il trouvoit mauvais qu'il fît mile avances à un malheureux, pendant qu'elle le traitoit avec la derniére indiférence. Il lui en dit ſes ſentimens avec quelque colére. Elle qui ne croioit pas qu'un de ſes Amans lui pût échaper, lui répondit avec beaucoup d'aigreur, qu'elle trouvoit fort mauvais qu'il cenſurât ſa conduite : Quelle prétendoit être maîtreſſe de ſes actions; & que s'il voioit chez elle quelque choſe qui lui deplût, il étoit maître de n'y plus revenir; qu'il faloit l'aimer telle qu'elle étoit, ou la laiſſer en repos.

Du

Du Boulay eſt honnête homme; il ne put ſoufrir un pareil traite-ment. Le mépris ſuccéda à la pi-tié qu'il avoit eûë de l'engagement de la Moliére avec Guerin, & ſe détermina à s'en retirer malgré l'in-clination qu'il avoit pour elle. Dans un autre tems la Moliére au-roit ſenti cette perte; mais le cœur de Guerin lui paroiſſoit ſi précieux, qu'elle ne ſe ſoucioit que de l'en-lever à la Guyot.

La Chateauneuf qui n'avoit pas même vûë qu'elle, & qui prévoioit ce que lui couteroient ſes entête-mens, fit ſes éforts pour la dé-terminer : Mais, contre l'ordinai-re, elle reçut ſi mal ſes avis, qu'el-les ſe brouillérent enſemble ; de maniére qu'elles ne ſe ſont pas en-core racommodées aujourd'hui.

Il arriva dans ce même tems une avanture à la Moliére qui aug-menta extrêmement ſon orgueil. Il y

Dans le
bal les
sente
s'debau-
charoti
C'est là
que les
cocus
S'ébau-
charet.
d'Accilli,
1667.

C'est un
emploi
digne du
dieux
.....
C'est la
source
de mes plai-
sirs,
n'en faisons
point mist-
eres,
C'est le but
de tous nos
desirs,
Quel plai-
sir de les
faire
74.

Junonem meam iratam habeam, si unquam me meminerim virginem fuisse. Petron. Montaigne, liv. 3. ch. 13. cite ce passage et le rend ainsi : Et peut-on marier mieux fortune, à celle de Quartilla qui n'avoit point memoire de son fillage (sc. i.e. pucelage.) Ce qui rappele ce trait que j'ai oui dire à l'abbé de Grécourt : Qu'à l'age de dix ans la fameuse Fillon étant interrogée par son confesseur si elle ne s'amusait pas à se chatouiller avec le doigt ce que les italiens nomme il brimborione, (le clitoris): la petite friponne lui repondit ingenument, oh! mon père, j'y fous déjà. On sait que les confesseurs italiens et espagnols sont fort indulgens envers les nonains surtout pour cet amusement du brimborione soit du doigt soit d'un godemiché chinois par le Summusa l'una la con- l'altra, ou tribalderie. Voiez Bayle, article Montserrat montagnes, mes Stromates p. 266 et 407. et les bigarrures, ch. 8. p. 149. de l'édit. 1662.

...... de Mlle la duchesse

Il y avoit à Paris une certaine femme apellée la Tourelle* qui lui
sembloit si parfaitement, qu'il
étoit mal-aisé de ne s'y pas mépren-
dre. Elle faisoit métier de galanterie aussi bien que la Moliére,
mais avec moins de bonheur. Ce
qui lui en donna la pensée, voiant
qu'elle lui ressembloit si bien, de
passer pour la Moliére prés de ceux
qui n'avoient pas grand commerce avec elle., voulant essaïer si sa
fortune n'augmenteroit point.

La chose lui réüssit avec tant
de bonheur pendant quelques mois,
que tout le monde y étoit trompé.
Un Président de Grenoble, nommé
Lescot, qui étoit devenu amoureux de la Moliére en la voiant sur
le Théâtre, cherchoit par tout Paris quelqu'un qui lui en pût donner la connoissance. Il aloit souvent chez une femme nommée la
Ledoux, dont le métier ordinaire

C 7

étoit

* Aimée Jarbais, dite la Tourelle, dont l'anagramme
est, j'aime à baiser. Voïez les épigrammes de Colletet,
page 242.

étoit de faire plaisir au public. Il
lui témoigna qu'il souhaitoit connoître la Moliére ; & que la dépen-
se ne lui couteroit rien , pourveu
qu'il pût se satisfaire. La Ledoux
ne la connoissoit point. Il n'auroit
pas été dificile pour peu qu'il l'eût
eu d'habitude avec elle. Néanmoins elle se souvint, que sans se
donner tant de peine, la Tourelle
pouvoit admirablement bien faire
son personnage. C'est pourquoi
elle dit au Président qu'elle ne la
connoissoit point, mais qu'elle savoit une personne qui la gouvernoit absolument ; qu'elle la feroit
pressentir sur ce chapitre , & que
dans quelques jours elle lui en donneroit des nouvéles. Le Président
la conjura de ne rien oublier pour le
rendre heureux , & qu'elle devoit
être seure de sa reconnoissance.
Du moment qu'il fut sorti, elle
envoia chercher la Tourelle, à qui

elle dit qu'elle avoit trouvé une bonne duppe ; qu'il en faloit profiter ; qu'elle se tînt prête pour le jour qu'elle l'envoieroit querir, & qu'elle se préparât à bien contrefaire la Moliere.

Le lendemain le Président vint fort empressé pour savoir le succés de sa négotiation. La Ledoux lui répondit que cela n'aloit pas si vîte ; qu'on lui avoit seulement promis d'en faire parler à la Moliére, & qu'il faloit se donner un peu de patience. Le Président la conjura de nouveau de ne point épargner ses soins. Il venoit tous les jours savoir s'il y avoit lieu d'espérer : Enfin quand la Ledoux eut pris le tems qu'il faloit pour faire valoir ses peines, elle dit au Président avec beaucoup de joie, qu'elle avoit surmonté les obstacles qui s'étoient oposez à sa passion, & qu'elle avoit parole de la Moliére pour venir

nir

nir le lendemain.   L'amoureux
Préſident lui promit de ſe reſſou-
venir toute ſa vie du ſervice qu'elle lui rendoit.

Il prit l'heure du rendez - vous,
où il ſe trouva long tems avant la
Demoiſelle, qui vint avec un habit fort négligé comme une perſonne qui apréhendoit d'être connuë. Elle afecta la toux éternelle
de la Moliére, ſes airs importans,
ne parlant que de vapeurs ; & joüa
ſi bien ſon rôle, qu'un homme plus
connoiſſeur y eût été trompé. Elle lui fit valoir l'obligation qu'il
lui avoit d'être venuë dans ces ſortes des lieux, dont le ſeul nom faiſoit horreur. Le Préſident lui dit
qu'elle n'avoit qu'à preſcrire la re-
connoiſſance qu'elle vouloit qu'il
en eût, & que tout ce qu'il avoit
au monde, étoit en ſon pouvoir.
La Tourelle fit fort l'opulente, &
aprés s'être défenduë long tems,
elle

elle lui dit , qu'elle vouloit bien prendre un préfent de lui , pourveu qu'il fût d'une petite conféquence ; qu'elle ne vouloit qu'un colier pour ſa fille qui étoit en Religion. Auſ-ſi-tôt nôtre Amant la mena ſur le Quai des Orphévres, où il la pria de le choiſir tel qu'il lui plairoit. Elle lui dit qu'elle n'en vouloit un que d'un prix médiocre , & ſe ſa-tisfit à ſa volonté. Ces maniéres magnifiques furent un nouveau charme pour nôtre Amant. Il con-tinüa de la voir au même endroit, où elle lui recommanda de ne lui point parler ſur le Théâtre, parce que ce ſeroit le moien de la perdre entiérement ; & que ſes compagnes qui avoient une extrême jalouſie contre elle , ſeroient ravies d'avoir une ocaſion de parler.

Il lui obéïſſoit, & ſe contentoit d'aler admirer la Moliére , croiant que ce fût elle. Il l'admiroit alors

avec

avec juſtice dans le <u>rôle de Circé</u> qu'elle jouöit, & dont elle s'aqui-toit parfaitement. Elle y avoit un certain habit de Magicienne, & une quantité de cheveux épars qui lui donnoient un grand agrement.

Un jour que la Tourelle avoit donné rendez - vous au Préſident chez la Ledoux, elle y manqua. Son Amant aprés l'avoir long tems atenduë, voulut aler à la Comédie, & toutes les raiſons de la Ledoux ne purent l'en empécher. Il fut donc à l'Hotel de Guénégault, & la prémiére perſonne qu'il aperçut ſur le Théâtre fut la Moliére. Il ſe determina d'abord à y monter, con-tre les défenſes qu'elle lui en avoit faites; mais il crut qu'un petit em-portement de paſſion ne lui meſſié-roit point. Il y monta donc dans le deſſein de lui marquer le chagrin qu'il avoit de ne l'avoir point vûë l'aprédinée.

D'abord

D'abord qu'il fut ſur le Théâtre, il ne put lui parler à cauſe d'un nombre infini de jeunes gens qui l'entouroient. Il ſe contenta de lui ſourire toutes les fois qu'elle tournoit la tête de ſon coté, & de lui dire, quand elle paſſoit dans une loge, où il s'étoit mis exprés : Vous n'avez jamais été ſi belle ; & ſi je n'étois pas amoureux de vous , je le deviendrois aujourd'hui. La Moliére ne faiſoit aucune réfléxion à ce qu'il lui diſoit ; elle croioit que c'étoit un homme qui la trouvoit à ſon gré , & qui étoit bien aiſe de le lui faire connoître.

Pour le Préſident il étoit hors de ſoi , de voir avec quelle négligence elle recevoit ſes douceurs. La Piéce lui ſembloit d'une longueur inſuportable , dans l'envie qu'il avoit d'aprendre ſa deſtinée. Il fut à la porte de la loge où elle ſe deshabilloit , & y entra avec elle

lors

lors que la Comédie fut finie. La
Moliére est impérieuse, & la liberté du Président lui parut trop
grande pour un homme qu'elle n'a-
voit jamais vû ; ce n'est pas qu'il
ne soit permis d'entrer dans les loges des Comédiennes ; mais il faut
au moins que ce soit des gens qu'elles connoissent.

La Moliére qui n'avoit jamais
vû son visage, fut surprise de sa
hardiesse ; & pour l'en punir elle résolut de ne rien répondre à tout ce
qu'il diroit. Il crut d'abord qu'on
n'osoit parler en présence de la fille
de chambre qui la deshabilloit. Ce
fut un nouvel obstacle pour le Président que cette fille ; & comme il
n'osoit témoigner son inquiétude
devant elle, il faisoit signe à la
Moliére de la renvoier, & qu'il a-
voit quelque chose à lui dire. La
Moliére n'avoit garde d'entendre
ni de répondre à des signes qu'elle
ne

ne connoiſſoit pas : Mais nôtre Amant qui croioit avoir été aſſez d'intelligence avec elle , pour qu'elle dût comprendre cette façon de s'exprimer ; toute muette qu'elle é- toit , prenoit pour des marques de colére le réfus qu'elle faiſoit d'y répondre ; & l'envie qu'il avoit d'aprendre ce qui cauſoit cette froi- deur , l'obligea de s'aprocher , & de lui demander ce qui avoit em- pêché qu'il n'eût eu le plaiſir de la voir l'aprédinée.

La Moliére lui demanda d'un ton fort haut , ce qu'il diſoit , & le Préſident lui demanda d'un ton encore plus bas , ſi l'on oſoit dire devant cette fille ce que l'on pen- ſoit.

La Moliére étonnée de ce diſ- cours , lui répondit encore d'une voix plus élevée : Je ne crois pas avoir rien d'aſſez miſtérieux avec vous, pour devoir prendre ces ſor-

 tes

tes de précautions ; & vous pourriez vous expliquer avec moi devant toute la terre. L'aigreur avec
laquelle elle acheva ces mots, fit
entiérement perdre patience au Pré-
fident, qui lui dit : J'aprouverois
vôtre procédé, fi j'avois fait quelque action qui dût vous déplaire,
depuis que je vous connois ; mais
je n'ai rien à me reprocher ; quand
vous manquez au rendez - vous que
vous m'avez donné, & que je viens
tout inquiet, craignant qu'il ne
vous foit arrivé quelque accident,
vous me traitez comme le plus cri-
minel de tous les hommes.

Il feroit impoffible de bien re-
préfenter l'étonnement de la Moliére. Plus elle confidéroit le Pré-
fident, moins elle fe fouvenoit de
lui avoir jamais parlé ; & comme
il avoit la mine d'un honnête homme, l'émotion avec laquelle il continuoit de lui faire des reproches,

lui

lui marquant que ce n'étoit ni jeu d'esprit ni gageure, augmentoit si fort sa surprise, qu'elle ne savoit que croire de ce qu'elle voioit.

Le Président de son coté ne pouvoit comprendre d'où venoit le silence de la Moliére : Enfin, lui dit-il, donnez - moi une bonne ou mauvaise raison qui justifie un procédé pareil au vôtre. Il cessa de parler pour atendre la réponse de la Moliére, mais elle n'étoit pas encore revenuë de son étonnement. Le Président étoit dans la derniére consternation. C'étoit une chose plaisante de les voir tous deux se regarder sans se rien dire, & s'éxaminer avec une atention qui ne peut se figurer. Néanmoins la Moliére résoluë de s'éclaircir d'une avanture qui lui paroissoit si surprenante, demanda au Président avec un grand sérieux ce qui pouvoit l'obliger à lui dire qu'il la

                 con-

connoiſſoit ; qu'elle avoit pu croire au commencement que c'étoit une plaiſanterie ; mais qu'il la pouſſoit ſi loin, qu'elle ne pouvoit plus la ſuporter, ſur tout d'où venoit ſon obſtination à lui ſoutenir qu'elle lui avoit donné un rendez - vous auquel elle avoit manqué. Ah Dieu, s'écria le Préſident, peut - on avoir l'audace de dire à un homme qu'on ne l'a jamais vû, aprés ce qui s'eſt paſſé entre vous & moi ! J'ai du chagrin que vous m'obligiez d'éclater, & de ſortir du reſpect que j'ai pour toutes les femmes : Mais vous êtes indigne qu'on en conſerve pour vous : Aprés m'être venu trouver vingt fois dans un lieu comme celui où je vous ai vûe, il faut que vous ſoiez la derniére de toutes les créatures pour m'oſer demander ſi je vous connois.

On peut juger que la Moliére, de l'humeur dont elle eſt, ne fut

pas

pas insensible à ces duretez. Croi-
iant donc que c'étoit une insulte
que le Président lui vouloit faire,
elle dit à sa fille de chambre d'a-
peller ses Compagnes. Vous me
faites plaisir, lui dit cet Amant ou-
tré, & je souhaiterois que tout Paris fût ici pour rendre vôtre honte
plus publique. Insolent, j'aurai
bien-tôt raison de vôtre extrava-
gance, lui dit la Moliére.

Dans ce moment les Comédiennes entrérent dans la loge, où elles trouvérent le Président d'une
fureur inconcevable ; & la Demoiselle dans une si grande colére,
qu'elle ne pouvoit parler. Elle ex-
pliqua néanmoins à peu prés à ses
Compagnes ce qui l'avoit obligée
de les envoier querir ; pendant que
le Président contoit aussi les raisons
qu'il avoir d'en user avec la Moliére de cette façon ; leur protestant
avec mile sermens qu'il la connoîs-

 soit

soit pour l'avoir vûe plusieurs fois dans un lieu de débauche ; & que le colier qu'elle avoit au cou , étoit un présent qu'il lui avoit fait. La Moliére entendant cela voulut lui donner un soufler ; mais il la prévint , & lui arracha son colier , croiant avec certitude que c'étoit le même qu'il avoit donné à la Tourelle , encore que celui-là fût incomparablement plus gros.

A cet afront , que la Demoiselle ne crut pas devoir suporter , elle fit monter tous les Gardes de la Comédie : On ferma la porte , & on envoia chercher un Commissaire qui conduisit le Président en prison , où il fut jusqu'au lendemain qu'il en sortit sous caution ; soutenant toujours qu'il prouveroit ce qui l'avoit forcé à maltraiter la Moliére ; ne pouvant se persuader que ce ne fût point celle qu'il avoit vûe chez la Ledoux.

La

La Moliére qui demandoit de grandes reparations contre le Pré-fident, fit informer de la chofe : Elle fut confrontée devant l'Or-févre, croiant que cette feule preu-ve détruiroit l'erreur du Préfident; mais elle fut bien autrement défo-lée, quand il affura que c'étoitla mê-me à qui il avoit vendu un colier. Elle étoit inconfolable que fon in-noçence ne put être reconnuë : El-le fit faire des perquifitions par-tout Paris de la Ledoux, qu'on di-foit s'être cachée à la prémière nou-véle qu'elle avoit eûe de cette afai-re , & on eut beaucoup de peines à la trouver.

Enfin elle fut prife , & elle a-voüa que c'étoit par fon moien que la chofe étoit arrivée : Qu'elle a-voit vû une femme , qui par la reffemblance qu'elle avoit avec la Moliére, avoit trompé une infinité de gens ; que c'étoit la même qui

D 4

avoit

avoit caufé l'erreur du Préfident.
La Tourelle fut auffi prife , & la
Moliére en eut une joie inexpri-
mable , efpérant par là faire croire dans le monde que tous les bruits
qui avoient couru d'elle , avoient
été caufez par la reffemblance qui
étoit entre elle & la Tourelle.

La Moliére faifoit travailler a-
vec foin au procés de fa rivale ; &
comme elle avoït de l'argent , &
que l'autre au contraire ne contoit
que fur fa bonne fortune journalié-
re , les chofes alérent comme elle
voulut ; & malgré l'injuftice qu'il
y avoit à la punir d'un crime dont
la Moliére lui avoit pu donner des
leçons , la Ledoux & elle furent
chatiées devant l'Hotel de Guene-
gauld , logis de la Moliére , qui
toute orgueilleufe d'avoir fatisfait
fa vengeance , & croiant avoir affez bien établi fa vertu aux yeux de
tout Paris , faifoit valoir à Guerin
fon

ſon bonheur; de ce qu'une femme comme elle, daignoit le regarder.

Guerin qui ſongeoit à s'en rendre le maître, & qui regardoit le mariage comme une choſe qui établiſſoit ſa fortune, lui donnoit tout l'encens qu'elle pouvoit déſirer; & il eût été en un beſoin à l'adoration pour l'amener au Sacrement; mais c'étoit une choſe à laquelle elle avoit bien de la peine à ſe réſoudre. Elle avoit fait un uſage trop agréable de la liberté que donne la qualité de veuve, pour ne la pas quiter avec regret. Elle aprehendoit de prendre un maître qui ne s'acomodât pas à ſon humeur. Guerin faiſoit ſes éforts pour la guerir de ces aprehenſions, lui diſant que s'il ſouhaitoit de l'épouſer, que ce n'étoit pas dans la vûë qu'avoient tous les hommes qui ſe devouent à ces ſortes d'engagemens: Qu'il ſe flatoit de lui faire gouter dans le

ma-

mariage des douceurs inconnuës
jusqu'alors , par le peu de simpa-
thie qui se trouve ordinairement
dans ces sortes de nœuds, dont l'in-
téreſt qui les a formez , corrompt
tous les plaiſirs : Et que d'ailleurs
il avoit en horreur cette obéïſſance
aveugle où la plupart des hommes
veulent aſſujétir leurs femmes ; &
qu'elle ne devoit pas douter qu'elle ſeroit la maitreſſe abſoluë de ſes
volontez comme de ſon cœur.

La Moliére ſe laiſſa aler un peu
à ſes promeſſes : Elle lui avoit déja fait quiter la Guyot ; & il man-
geoit d'ordinaire chez elle , où elle le traitoit en eſclave pour l'a-
coutumer à ſoufrir ſes duretez. Elle le métoit quelquefois à de ſi ru-
des épreuves , qu'on étoit étonné
qu'il pût les ſoufrir. Pour lui il
avoit trop d'expériance pour ne pas
ſavoir qu'on touche plutôt les femmes en leur aplaudiſſant dans leurs
petites

petites foibleſſes, qu'avec tout le mérite poſſible.

Sa complaiſance lui réüſſit lors qu'il n'y avoit plus d'eſpérance : Il commençoit à perdre courage ; voïant que tout ce qu'il faiſoit ne la perſuadoit point de terminer leur mariage, il eut recours à quelque choſe de plus fort que des paroles. D'ailleurs il lui eût été aſſez difi-cile de la toucher par ſon eſprit, puis qu'on ne ſauroit en avoir moins ; il mit en uſage le talent des larmes, dont la nature l'a doüé au défaut d'autres qualitéz. Il ſe ſervit de ce moien pour la convain-cre de l'amour qu'il avoit pour el-le ; & il proteſta tant de fois qu'il mouroit de douleur, ſi elle diſſeroit une choſe où il bornoit toute ſa féli-cité, qu'il la toucha autant de pitié que d'amour. Elle lui promit donc de l'épouſer désqu'elle auroit mis ſes afaires en un tel état, que ſa fille,

D 6

qu'el-

qu'elle aimoit fort peu, ne la pût in-
quiéter, & qu'elle le prioit de ne
rien divulguer que tout ne fût réglé.

Guérin qui jugea bien qu'il ne
trouveroit jamais une si belle ocasion, profita des dispositions favo-
rables où il la trouvoit ; & la pressa
avec tant de succés que la consom-
mation des nôces se fit avant la
cérémonie. Guerin fut même si
heureux qu'il mit la Moliére en
nécessité de l'épouser, si elle vouloit garder quelques mesures dans
le public ; car sa grossesse parut si
fort, qu'elle ne pouvoit présque
plus jouer : Elle prit donc toutes
les precautions qu'il faloit prendre
pour épouser Guerin sécrétement,
afin de faire croire qu'il y avoit déja
du tems que leur mariage étoit fait
& conclu dans toutes les formes.

La Guerin eut d preuves essen-
tiéles plutôt qu'elle ne pensoit, qu'il
n'est point de mari qui conserve le
caractére

caractére d'Amant. Dans les prémiers jours de son mariage il avoit
eu pour elle des soumissions, dont
elle auroit été fort satisfaite, si elles
eussent duré ; mais Guerin qui s'a-
perçut qu'elle en abusoit, lui fit
sentir, quoi qu'un peu trop tard,
qu'elle s'étoit donné un maître. Elle soufroit impatiament les prémiéres obéissances, où il voulut la sou-
mettre : Elle lui reprocha mile fois
qu'il n'étoit qué ce qu'elle avoit bien
voulu le faire ; & que néanmoins il
en agissoit d'une maniére qui la rendoit indigne de ce qu'elle avoit fait
pour lui : Mais qu'elle savoit la vengeance dont une femme spirituelle
se servoit, quand le mauvais traite-
ment d'un mari l'obligeoit de recou-
rir à ces sortes de remédes. Guerin
lui dit à son tour qu'elle se trompoit
fort si elle prétendoit conserver ses
maniéres coquettes aprés leur mariage : Qu'il prétendoit qu'elle vé-
cût comme les autres femmes rai-
sonnables

fonnables ; c'eſt à dire, qu'elle ne ſe
mélât que de jouer la Comédie, ou
le faire ſon ménage. Ils eurent pluſieurs diférends ſur ce chapitre ;
mais à la fin elle a été obligée de
prendre le parti de la patience , &
pour toutes intrigues, elle a été ré-
duite à un certain Aubry, qui de-
meure au même logis.

Guerin a mis ſi bon ordre à ſa conduite, qu'elle n'oſeroit voir perſonne ſans ſa permiſſion. Heureuſe-
ment pour elle, elle a un petit gar-
çon qu'elle aime fort : Ce qui ſert à
diſſiper ſes chagrins avec ſa maiſon
de Meudon , qu'elle a renduë fort
propre par la dépenſe qu'elle y a faite ; où elle paſſe une partie de l'an-
née les jours qu'elle ne jouë pas , qui
ſont en aſſez grand nombre par l'in-
utilité dont elle eſt préſentement
dans la Troupe, où elle ne fait plus
aucune figure depuis la jonction des
deux Troupes ; & ſans les Piéces de
Moliére, où elle eſt encore inimita-
ble

bla, elle ne paroitroit plus qu'avec désagrement.

On peut par là remarquer une certaine justice qui se rencontre dans l'ordre des choses, & qui nous fait toujours éprouver ce que nous avons fait soufrir à d'autres. Les duretez qu'elle avoit eûes pour un mari d'un mérite singulier, lui sont rendues avec usure par un autre qui est le rebut du genre humain ; & pour surcroît de deplaisir elle se voit méprisée de ses Compagnes, qui s'estimoient autrefois trop heureuses d'avoir sa faveur. Néanmoins l'espoir de faire de son fils un homme de conséquence, en lui donnant tout le bien qui apartient à sa fille, dont elle s'étoit rendue tutrice par son adresse, l'auroit consolée de toutes ses disgraces, si le succés eût répondu à ses intentions. Mais sa fille ne s'est pas trouvée dans ces dispositions ; & malgré le degoût que la Guerin a taché de lui inspirer pour

le

le monde, elle a voulu suivre son inclination, qui eſt entiérement opo-
ſée à la vie religieuſe : Et quoi qu'en
beaucoup de rencontres elle ait eu
lieu de remarquer la haine que ſa
mére avoit pour elle, elle s'eſt réſo-
lue d'eſſuier toutes ſes mauvaiſes hu-
meurs, plutôt que de reſter davantage dans un Couvent.

La Guerin s'eſt donc fait maintenant une afaire du ſoin de ſa famille,
étant bien ſeure qu'elle n'a plus ce
qu'il faut pour qu'on ſe charge de la
divertir: Cette raiſon la plus atachée
à ſon ménage que toutes les autres
conſidérations. Une Coquette fuit
toujours les hommes lors qu'elle
croit ne paroître plus aimable à
leurs yeux ; de façon qu'elle ſe con-
tente maintenant de ces ſortes d'o-
cupations domeſtiques, faute apa-
ramment d'en avoir de meilleures.

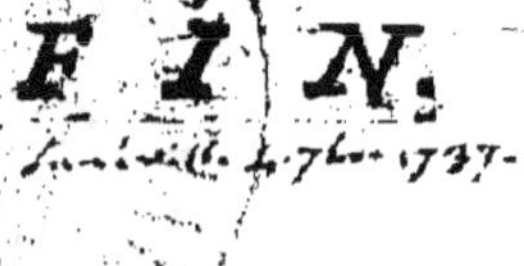

F I N.

IEAN BAPTISTE RACINE
de l'Academie Francoise
decedé à Paris le 21.e Avril 1699 agé de 59. ans